Ausdrucksweise verbessern

Lernen Sie wirkungsvoll Ihre Kommunikation zu verbessern!

Maximilian Forst

Inhaltsverzeichnis

Vorwort

„Worte sind die mächtigste Droge, welche die Menschheit benutzt.", sagte einst der britische Schriftsteller und Dichter Joseph Rudyard Kipling. In dieser Aussage steckt sehr viel Wahrheit. Wenn Sie Kinder haben, so werden Sie sich sicherlich noch an den Augenblick erinnern können, als Ihr Kind das erste Wort gesprochen hat. Oder zumindest kennen Sie jemanden in Ihrem Umfeld, dem es so geht. Das erste Wort ist ein Meilenstein in der Entwicklung jedes Menschen, denn durch die Sprache haben wir die Möglichkeit, unsere Gedanken und Gefühle auszudrücken. Was wäre die Welt ohne Bücher? Was wäre Sie ohne Lieder? Langweilig. Trist. Unvorstellbar. Sprache ist etwas, das uns alle tagtäglich umgibt. Die allermeisten von uns nehmen sie als etwas völlig selbstverständliches wahr, ohne sich groß Gedanken darüber zu machen. Das sollten Sie ändern, denn

Sprache ist etwas unglaublich kostbares und mächtiges. Worte können Kriege entfachen oder beenden. Sie können Beziehungen entstehen lassen oder vernichten. Das sollten Sie sich jeden Tag aufs Neue bewusst machen und an Ihrer Sprache arbeiten. Wobei diese „Arbeit" sehr viel Spaß machen kann, wie Sie im Laufe dieses Buches feststellen werden.

Wenn auch Sie Ihre Ausdrucksweise verbessern möchten, dann ist dieses Buch genau das richtige für Sie. Ich zeige Ihnen die Vorteile einer guten Rhetorik und welchen Einfluss diese auf Ihre Zukunft haben kann – sowohl privat als auch beruflich. Lernen Sie mit diesem Buch nach und nach Ihre Ausdrucksweise zu verbessern sowie Ihren Wortschatz zu erweitern. Mit meiner Hilfe werden Sie zukünftig angenehmen Smalltalk führen und Bemerkungen Ihres Gegenübers schlagfertig kontern können. Ich erkläre Ihnen, wie Sie nicht nur verbal, sondern auch non-verbal mit Hilfe Ihrer Körpersprache etwas vermitteln können und gebe Ihnen wertvolle Mindset-Tipps, die in Ihrem Kopf Wunder bewirken werden. Dabei vermittele ich Ihnen nicht nur theoretisches Wissen über Rhetorik, sondern gebe Ihnen viele hilfreiche Tipps sowie Übungen an die Hand. Mit meinem Buch sind Sie gewappnet für Ihr neues Leben, in dem Sie selbstbewusst Ihre Wünsche äußern, nachdrücklich Ihren Standpunkt vertreten und ohne Scheu interessante Kontakte knüpfen werden. Machen Sie sich noch heute gemeinsam mit mir auf den Weg in eine Zukunft, in der Ihre Worte nie wieder ungehört verklingen werden.

Wir müssen immer wieder das Gespräch mit unserem Nächsten suchen. Das Gespräch ist die einzige Brücke zwischen den Menschen.

(Albert Camus, französischer Schriftsteller)

Mit Reden überzeugen

An dieser Aussage ist viel Wahres. Durch gute Kommunikation können Sie nicht nur Ihre Wünsche konkret äußern, sondern diese auch besser durchsetzen. Sie können Ihrem Gegenüber Ihre Gedanken und Gefühle detaillierter mitteilen. Klare Worte tragen dabei dazu bei, Missverständnisse zu vermeiden und das Miteinander harmonischer zu gestalten.

Doch was genau ist eigentlich gute Kommunikation? Gute Kommunikation ist eine solche, die Ihr Gegenüber in Ihren Bann zieht. Eine der wichtigsten Grundlagen dafür ist Empathie. Nur wenn Sie wissen, was Ihre Worte bei Ihrem Gesprächspartner oder Ihrer Gesprächspartnerin auslösen, können Sie die Unterhaltung in die Richtung lenken, in die Sie sie gerne haben möchten. Dabei löst nicht jedes Wort bei jedem Menschen die gleiche Reaktion aus. Wenn Sie zum Beispiel einem Hundeliebhaber gegenüber von Ihrem neuen Welpen schwärmen, so wird die Person Ihre

Schwärmerei vermutlich positiv aufnehmen. Jemand, der schon einmal von einem Hund gebissen wurde, wird jedoch ganz anders – nämlich vermutlich abneigend - reagieren. Darum ist es wichtig, dass Sie Ihr Gegenüber genau beobachten. Versuchen Sie, die Körperhaltung und Mimik des oder der anderen zu entziffern. Versetzen Sie sich in die andere Person hinein. Versuchen Sie, deren Gedankengänge nachzuvollziehen. Wenn Ihnen das gelingt, dann schaffen Sie es auch, den anderen bzw. die andere mit Ihren Worten mitzureißen.

Dabei ist es hilfreich, Bilder im Kopf Ihres Gegenübers zu erzeugen, denn der Mensch denkt in Bildern. Je schöner dieses für Ihren Gesprächspartner oder Ihre Gesprächspartnerin erscheint, desto besser ist es, denn desto empfänglicher wird die Person für Ihre Worte werden. Nun hat man natürlich nicht immer nur positive Mitteilungen zu verkünden. Manchmal muss man auch eine negative Nachricht, wie zum Beispiel eine Kündigung oder einen hohen Zahlbetrag, übermitteln. Wie kann man es in einem solchen Fall schaffen, sein Gegenüber trotzdem zu überzeugen? Das ist ganz einfach: zeichnen Sie einfach ein noch schlimmeres Szenario für Ihren Gesprächspartner bzw. Ihre Gesprächspartnerin. Stellen Sie sich zum Beispiel vor, dass Sie einem Kunden ein Auto für 25.000 Euro verkaufen wollen. Dieser Preis ist dem Kunden zu hoch und er bzw. sie droht vom Kauf abzuspringen. Wenn Sie ihn bzw. sie nun darauf hinweisen, dass das Fahrzeug ursprünglich sogar 30.000 Euro gekostet hat und betonen, dass er bzw. sie somit sogar 5.000 Euro gespart hat, dann wird Ihr Gegenüber den jetzigen Preis in einem viel positiveren Licht sehen und Sie haben die Möglichkeit, den Verkauf doch noch zu tätigen.

Eine weitere erfolgversprechende Strategie basiert auf dem Prinzip von Geben und Nehmen. Das funktioniert nicht nur im privaten, sondern genauso gut im beruflichen Umfeld. Auch hier gebe ich Ihnen wieder ein kleines Beispiel, damit Sie sich die Anwendungsweise besser vorstellen können. Wenn Sie etwa einem Kollegen oder Geschäftspartner einmal eine hilfreiche Information haben zukommen lassen, so wird Ihr Gegenüber sich dies merken und geneigt sein, sich in der Zukunft revanchieren zu wollen. Den meisten Menschen fällt es schwer, jemandem eine Bitte abzuschlagen, wenn diese Person noch etwas gut bei einem hat. Mit der gleichen Methode können Sie auch Ihren Freund dazu bringen, sich mit Ihnen den neuesten Liebesfilm im Kino anzusehen. Erinnern Sie ihn einfach daran, dass Sie vor zwei Wochen mit ihm zusammen beim Fußball waren, obwohl diese Sportart nicht wirklich Ihr Ding ist. Eine ganz ähnliche Wirkung hat es auch, wenn man sein Gegenüber an eine in der Vergangenheit getroffene Zusage erinnert. Hat Ihnen der- oder diejenige beispielsweise versprochen, mit Ihnen in das neu eröffnete italienische Restaurant zu gehen, will sich nun aber herausreden, so nehmen Sie Ihr Gegenüber beim Wort. Haben Sie keine Scheu, den oder die andere an die zuvor geäußerte Zusage zu erinnern. Sie müssen nicht immer nur geben, sondern dürfen genauso auch nehmen, denn dieses Prinzip funktioniert nur wechselseitig.

Eine andere Taktik, die zugegebenermaßen vielleicht nicht so nett ist, besteht darin, den anderen bewusst unter Druck zu setzen. Dabei sollten Sie natürlich nicht übertreiben, denn ein gegenseitiger respektvoller Umgang ist das A und O zwischenmenschlicher Interaktion. Aber Sie können sich etwa die Tatsache zu

Nutze machen, dass es den meisten Menschen sehr schwer fällt, mehr als einmal eine Bitte abzuschlagen. Wenn Sie also zum Beispiel einen Umzugshelfer brauchen, der oder die Auserkorene jedoch angibt, an dem besagten Tag keine Zeit zu haben, so haken Sie sofort nach, ob die Person denn wenigstens beim Packen der Kisten helfen kann. Kaum jemand wird hier dann mit Nein antworten und dadurch ein weiteres Mal Ihre Bitte um Hilfe ablehnen.

So gibt es verschiedene Strategien, um den Gesprächspartner oder die Gesprächspartnerin von den eigenen Ansichten zu überzeugen bzw. ihn oder Sie dazu zu bewegen, das zu tun, was man möchte. Diese Methoden hier alle aufzuführen, würde den Rahmen dieses Buches sprengen. Allgemein lässt sich jedoch sagen: je besser Sie Ihr Gegenüber kennen, desto genauer können Sie positive Bilder für die Person zeichnen und sich damit sympathischer machen. Versuchen Sie also, Gemeinsamkeiten wie das gleiche Hobby oder ähnliches zu finden, machen Sie ehrliche Komplimente oder berufen Sie sich auf einen gemeinsamen Bekannten. All dies schafft Vertrauen und lässt Sie in einem positiven Licht erscheinen. Und je positiver der oder die andere Ihnen gegenüber gestimmt ist, desto einfacher können Sie die Person für sich gewinnen und Ihre eigenen Ansichten durchsetzen.

Die Artikulation verbessern und professionell wirken

Zu einer guten Kommunikation gehören auch eine klare Ausdrucksweise sowie Artikulation. Während erstere sich sowohl auf das Schreiben als auch das Sprechen bezieht, kommt die Artikulation nur beim gesprochenen Wort zum Tragen.

Wenn Sie eine eindeutige Artikulation besitzen, so wirken Sie automatisch professioneller. Was können Sie nun dafür tun, diese weiter zu verbessern? Achten Sie auf eine deutliche Aussprache. Nuscheln Sie nicht und verschlucken Sie keine Silben oder gar ganze Worte. Dafür ist es hilfreich, nicht zu schnell zu sprechen. Außerdem wirkt dies schnell hektisch und lässt auf eine Unsicherheit des Sprechers bzw. der Sprecherin schließen. Also genau das, was Sie nicht möchten. Andererseits sollten Sie aber auch nicht zu langsam sprechen, denn dies wirkt langweilig und ermüdend. Ihr Gegenüber verliert das Interesse.

Am besten passen Sie sich hier der Sprechgeschwindigkeit Ihres Gesprächspartners bzw. Ihrer Gesprächspartnerin an. Das gleiche gilt für die Wortwahl. Verwenden Sie nicht zu viele Fachausdrücke, es sei denn Sie befinden sich unter Gleichgesinnten, die die speziellen Termini beherrschen. Ein weiterer wichtiger Punkt ist Ihre Lautstärke. Sehr lautes Sprechen oder gar Schreien wirkt schnell aggressiv und einschüchternd auf den oder die andere. Sind Sie hingegen zu leise, so lässt Sie dies unsicher und wenig durchsetzungsfähig erscheinen. Am besten entscheiden Sie sich für ein sinnvolles Mittelmaß. Ähnliches gilt für die Tonlage. Jeder Mensch hat seine ganz eigene „Wohlfühl-Tonlage", in der er bzw. sie automatisch spricht. Aber besonders Frauen neigen manchmal dazu, hoch und/oder piepsig zu sprechen. Was im privaten Umfeld vielleicht noch als „niedlich" entschuldigt wird, lässt Sie im Job schnell inkompetent und wenig glaubwürdig erscheinen. Achten Sie in einem solchen Fall bewusst darauf, in einer etwas tieferen Tonlage zu sprechen. Vergessen Sie in diesem Zusammenhang nicht eine sinnvolle Betonung. Wohl nichts ist ermüdender als einem Vortrag in immer der gleichen, monotonen Tonlage lauschen zu müssen. Über kurz oder lang steigt jeder bei einem solchen Vortrag gedanklich aus. Darum variieren Sie hier. Betonen Sie wichtige Dinge ganz besonders ohne zu übertreiben. Heben Sie bei einer Frage zum Beispiel die Stimme am Ende ein wenig an. So merken Ihre Zuhörer sofort, dass es sich um eine Frage handelt. Wenn Sie etwa einen Vortrag halten müssen, in dem für Sie schwierige Wörter vorkommen, dann üben Sie diese vorher in Ruhe Zuhause. Lesen Sie sich die Wörter laut vor und nehmen Sie sie gegebenenfalls auf.

Wiederholen Sie die Ausdrücke bis Sie sich sicher in deren Aussprache fühlen.

Was viele Menschen im Zusammenhang mit der Artikulation schnell vergessen, ist, dass auch die Körperspannung eine bedeutende Rolle spielt. Wenn man zum Beispiel zusammengekauert auf einem Sessel herum lümmelt, so spricht man ganz anders als wenn man mit aufrechtem Oberkörper und breiter Brust redet. Hier spielt auch die Atmung mit hinein. Atmen Sie tief in den Bauch hinein. Das entspannt Sie innerlich und öffnet Ihren Brustkorb. Dies spiegelt Ihre Sprache dann auch entsprechend wider. Vergessen Sie beim Reden nicht zu lächeln, selbst dann nicht wenn es sich um ein Telefongespräch handelt. Ihr Gegenüber am anderen Ende der Leitung wird Ihr Lächeln bemerken und ist automatisch positiv gestimmt.

Abschließend wohl der wichtigste Tipp, was gute Kommunikation angeht. Glauben Sie an das, was Sie sagen. Wenn Sie selbst hinter Ihren Aussagen stehen, so bleibt dies nicht unbemerkt bei Ihrem Gegenüber. Nichts wirkt mitreißender als jemand, der mit Leidenschaft und Überzeugung von einer Sache spricht, für die er bzw. sie brennt.

Übungen für einen besseren Wortschatz

Nachdem Sie nun bereits so viel über die Grundlagen guter Kommunikation erfahren haben, komme ich jetzt zu einigen praktischen Übungen. Versuchen Sie diese so oft wie möglich in Ihren Alltag einzubauen, am besten täglich. Die Übungen erfordern nicht viel Zeit und lassen sich daher ohne großen Aufwand in den Tagesablauf integrieren.
Eine hilfreiche Übung, um die Artikulation zu verbessern, sind Zungenbrecher. Hier zwei wie ich finde besonders tolle Beispiele:

Der Whiskeymixer mixt den Whiskey. Whiskey mixt der Whiskeymixer.
Der Potsdamer Postkutscher putzt den Potsdamer Postkutschkasten.
Den Potsdamer Postkutschkasten putzt der Potsdamer Postkutscher.

Sprechen Sie diese langsam nach.

Achten Sie dabei auf eine deutliche Aussprache. Mit der Zeit erhöhen Sie das Tempo. Suchen Sie gerne im Internet nach weiteren Zungenbrechern. Es gibt unendlich viele davon und das Üben wird Ihnen bestimmt viel Spaß bereiten.

Natürlich können Sie auch andere Sprechübungen machen. Stellen Sie sich dafür am besten vor einen Spiegel, sodass Sie Ihr Gesicht beobachten können. Sprechen Sie nun deutlich A, O und E nacheinander aus. Beim A ist Ihr Mund weit geöffnet während er beim O sehr rund geformt wird und beim E in die Breite gezogen wird.

In eine ähnliche Richtung geht die sogenannte Korkenübung. Bei dieser nehmen Sie den Korken einer Weinflasche vorsichtig in den Mund und halten diesen mit Ihren Zähnen fest, sodass er nicht herausfallen kann. Nun lesen Sie einen Text – zum Beispiel einen Zeitungsbericht – so deutlich wie möglich laut vor. Das ist anfangs gar nicht so einfach, macht aber auch viel Spaß.

Natürlich können Sie auch ohne Korken einfach einen Text vorlesen. Dabei ist es wichtig, dass Sie diesen unbedingt laut vorlesen. Nehmen Sie am besten alles mit Ihrem Handy oder Diktiergerät auf und hören Sie sich anschließend selbst zu. So haben Sie die Möglichkeit, sich selbst zuzuhören und können noch besser nachvollziehen, wie Sie auf Ihren Gesprächspartner oder Ihre Gesprächspartnerin wirken.

Es ist eine ganz neue, spannende Erfahrung der eigenen Stimme zu lauschen.

Eine andere Übung, die Sie möglichst vor dem Spiegel machen sollten, bezieht sich auf Ihre Körperhaltung sowie Ihre Atmung. Stehen Sie gerade und legen Sie eine Hand auf Ihren Bauch, unterhalb Ihrer Rippen, sodass Sie Ihre Muskeln während des Sprechens spüren. Nun sprechen Sie sehr bewusst einige Sätze. Das trainiert das Zwerchfell und verbessert so Ihre Aussprache.

Egal für welche der Übungen Sie sich entscheiden, wichtig ist, dass Sie diese regelmäßig durchführen. Üben Sie am besten täglich. Das muss gar nicht lange sein, zehn bis fünfzehn Minuten reichen vollkommen aus. So viel Zeit sollte jeder von uns für seine Zukunft übrig haben. Lassen Sie sich nicht entmutigen, wenn es zu Beginn vielleicht nicht gleich klappt oder Sie sich gar ein wenig albern bei den Übungen vorkommen. Das bessert sich im Laufe der Zeit und Sie werden immer sicherer.

Wenn Sie zukünftig an gute Kommunikation denken, so vergessen Sie nicht was der russische Autor Leo Tolstoi einst darüber sagte:

Je verständlicher, desto besser.
(Leo Tolstoi, russischer Erzähler und Romanautor)

Wortschatz erweitern

„Die Grenzen meiner Sprache sind die Grenzen meiner Welt."
(Ludwig Wittgenstein, bedeutender Philosoph des 20. JH)

Wem von uns ist es nicht schon einmal passiert, dass man über ein Wort gestolpert ist, das man nicht kannte. Wenn man es dann im Lexikon nachschlägt oder die Bedeutung im Internet erforscht, so lernt man automatisch etwas dazu. So hat man nicht nur seinen eigenen Wortschatz erweitert, sondern auch ein bisschen die Grenzen seiner eigenen kleinen Welt ausgedehnt.

Wenn man vom Wortschatz spricht, so unterscheidet man zwischen dem passiven und aktiven Wortschatz. Ersterer umfasst alle Wörter, die man kennt, aber nicht zwangsläufig auch aktiv nutzt. Bei einem Erwachsenen sind dies durchschnittlich 50.000 Wörter.

Der aktive Wortschatz ist mit 12.000 bis 16.000 Wörtern deutlich kleiner. Er umfasst die Wörter, die man aktiv im Sprachgebrauch nutzt. So gesehen nutzt jeder von uns nur etwa ein Viertel der ihm bekannten Wörter. Ist das nicht schade? Wäre es nicht viel schöner, hier aus dem Vollen zu schöpfen? Das macht unsere Sprache vielfältiger und damit spannender. Doch wie kann man es erreichen, das eigene Vokabular zu erweitern?

Erfolg hat drei Buchstaben:

TUN!

Übungen und Techniken

Eines gleich vorweg: Sie können Ihren Wortschatz nicht von heute auf morgen erweitern. Es handelt sich vielmehr um einen lebenslangen Prozess, der niemals zu Ende geht. Diese Erkenntnis mag den ein oder anderen anfangs abschrecken. Doch es hat auch etwas Gutes an sich, denn es bedeutet gleichzeitig, dass jeder von uns immer noch dazu lernen kann, egal wie alt man ist. Aber wie genau kann man das am besten anfangen? Es gibt eine Vielzahl von Möglichkeiten, wie man das eigene Vokabular erweitern kann. Und das Beste daran ist, dass Sie alle nicht viel Zeit benötigen und Sie sie ganz einfach in Ihren Alltag einbauen können.
Einer der wertvollsten Tipps ist wohl, viel zu lesen. Wer Bücher liebt, wird damit keine Schwierigkeiten haben. Doch auch wer keine geborene Leseratte ist, kann seinen Wortschatz durch Lesen ausbauen. So eignet sich zum Beispiel die tägliche Lektüre der Zeitung

hervorragend dafür. Oder lesen Sie doch mal im Internet einen Beitrag über ein Thema, das Sie besonders interessiert. Dabei spielt es keine Rolle, ob es sich um die neuesten Modetrends, die besten Gartentipps oder die aktuellsten Neuigkeiten in der Welt der Elektronik handelt. Wichtig ist, dass Sie überhaupt lesen. Wer selbst nicht so gerne liest, kann natürlich genauso gut ein Hörbuch hören. Das hat den gleichen Effekt und Sie können es ganz nebenbei machen, zum Beispiel während Sie den Abwasch erledigen oder Ihre Hemden bügeln. So tun Sie etwas Gutes für Ihren Wortschatz und gestalten die Hausarbeit gleich noch abwechslungsreicher. Sie haben praktisch zwei Fliegen mit einer Klappe gefangen.

Wenn Sie beim Lesen auf ein Ihnen unbekanntes Wort stoßen, so finden Sie dessen Bedeutung heraus, ganz egal ob Sie diese im Duden, im Lexikon oder im Internet erforschen. Einerseits wissen Sie so, was das gelesene Wort bedeutet und verstehen den gesamten Text besser, andererseits kann die Erklärung der Bedeutung Ihnen weitere unbekannte Wörter liefern. Schauen Sie auch diese wieder nach, dann hat das Ganze einen positiven Domino-Effekt.

Jeder von uns hat bestimmte Begriffe, die er oder sie gerne nutzt. Das ist ganz normal und kennzeichnet die Sprache desjenigen bzw. derjenigen. Den meisten von uns sind diese ganz eigenen Ausdrücke nicht einmal gegenwärtig. Nehmen Sie sich daher einmal ganz bewusst die Zeit, genau diese Wörter in einer Liste aufzuschreiben. Und dann gehen Sie hin und finden Sie für jedes Wort mindestens fünf Synonyme, also Wörter mit der gleichen Bedeutung. Statt „gehen“ kann man zum Beispiel folgende Ausdrücke verwenden: spazieren, laufen, rennen, wandern, schlendern. Anstatt etwas als „schön“ zu bezeichnen, nennen Sie es doch hübsch, gutaussehend, attraktiv, ansehnlich oder liebreizend.

Wenn Sie Ihre Liste fertig haben, so haben Sie eine ganze Reihe neuer Begriffe kennengelernt und Ihren Wortschatz ein ganzes Stück erweitert. Kleiner Tipp: Statt Synonyme für die Wörter auf Ihrer Liste der Lieblingswörter zu finden, können Sie auch nach Antonymen – also Wörtern mit gegensätzlicher Bedeutung suchen. Auch diese Übung vergrößert Ihren Wortschatz enorm.

Nun gilt es nur noch, die neu erlernten Begriffe auch zu nutzen. Verbieten Sie sich hierfür zum Beispiel für eine Woche, die sonst von Ihnen bevorzugten Wörter und verwenden Sie stattdessen die neuen. So werden Sie Ihnen früher oder später in Fleisch und Blut übergehen und irgendwann wie selbstverständlich über Ihre Lippen kommen.

Natürlich können Sie nicht nur Wörter austauschen, sondern auch ganze Sätze umformulieren. Sagen Sie zum Beispiel nicht mehr: „Ich musste heute länger arbeiten.“ Verwenden Sie stattdessen: „Ich habe heute Überstunden gemacht.“ oder „Ich bin heute erst später aus dem Büro/Betrieb gekommen.“ Aber auch der Satz „Ich konnte heute erst zu einem späteren Zeitpunkt Feierabend machen.“ sagt das gleiche aus, jedoch mit anderen Worten. Verlassen Sie die eingefahrenen Pfade und wandeln Sie auf neuen, unbekannten Wegen. Sie werden erstaunt sein, wie viel Spaß das machen kann.

Im ersten Kapitel dieses Buches habe ich erwähnt, wie wichtig es für eine gute Kommunikation ist, sein Gegenüber für sich zu gewinnen und positiv zu stimmen. Hat man demjenigen oder derjenigen etwas Erfreuliches mitzuteilen, so ist das ganz einfach. Wer freut sich schließlich nicht über eine aufbauende Nachricht. Versuchen Sie darum zukünftig möglichst jede Aussage positiv zu formulieren. Das kommt nicht nur besser bei Ihrem Gesprächspartner bzw. Ihrer Gesprächspartnerin an, sondern vergrößert auch automatisch Ihren eigenen Wortschatz. Wenn Sie zum Beispiel sagen: „Ich habe noch keine Lösung für das Problem gefunden.", so klingt dies für einen Kunden äußerst negativ. Verwenden Sie stattdessen die Formulierung „Ich arbeite rund um die Uhr an der Lösung des Problems." so merkt der Kunde, dass Sie aktiv sind und wird Ihre Nachricht viel positiver aufnehmen. Hier noch ein weiteres Beispiel, das verdeutlicht, wie man einen Satz positiv umformulieren kann: „Ich habe keine Ahnung, wann ich Ihnen die Ware liefern kann." klingt nicht besonders toll oder kompetent für einen Kunden. Wenn Sie jedoch sagen: „Ich informiere Sie sobald die Ware wieder lieferbar ist.", dann wirkt dies ganz anders – nämlich positiver - auf den Kunden. Ihr Gegenüber hat das Gefühl, dass Sie an ihn bzw. Sie denken und fühlt sich gut aufgehoben bei Ihnen.

Vorteile des erweiterten Wortschatzes

Es hat sehr viele Vorteile den eigenen Wortschatz zu vergrößern. Wenn Sie unbekannte Wörter und deren Bedeutung kennen lernen, so haben Sie selbst Ihr Wissen erweitert und etwas dazugelernt. Das macht es Ihnen in der Zukunft leichter, unbekannte Texte besser zu verstehen und Zusammenhänge noch deutlicher zu erkennen. Stellen Sie sich zum Beispiel vor, dass Sie sich mit Kollegen aus einer anderen Abteilung unterhalten. Diese nutzen vielleicht gewisse Begriffe, die in der dortigen Abteilung geläufig, Ihnen aber völlig unbekannt, sind. Dann fragen Sie einfach nach und lassen Sie sich den Begriff erklären. So haben Sie nicht nur Ihr Know-how erweitert, sondern können bei zukünftigen Unterhaltungen im wahrsten Sinne des Wortes mitreden. Dadurch wirken Sie ganz von alleine kompetenter und überzeugender auf Ihr Gegenüber. Entsprechend wird der- oder diejenige auch anders auf Sie reagieren und Ihren Aussagen noch mehr Glauben schenken. Das hilft Ihnen dabei, Ihre eigenen Wünsche und Anregungen besser zu artikulieren. Auch Kritik, die Sie vielleicht zukünftig werden äußern müssen, bekommt so mehr Gewicht. Außerdem können Sie sich mit einem größeren Vokabular noch präziser ausdrücken und Ihre Wünsche bzw. Vorstellungen exakter formulieren. Das hilft Ihnen dabei, diese auch durchzusetzen. Das wiederum steigert Ihr eigenes Selbstbewusstsein, was Sie zukünftig noch selbstsicherer auftreten lässt. So geraten Sie in eine Aufwärtsspirale, an deren Ende Sie als selbstbewusster, ausdrucksstarker Gegenüber stehen. Ganz nebenbei macht ein größerer Wortschatz Ihre Sprache bunter und damit lebendiger. Dadurch fesseln Sie Ihren Gesprächspartner oder Ihre Gesprächspartnerin zusätzlich.

Nachteile des erweiterten Wortschatzes

Vorhin habe ich Ihnen eine ganze Reihe von Vorteilen, die ein erweiterter Wortschatz hat, aufgezeigt. Vielleicht fragen Sie sich nun, ob dieser auch Nachteile haben kann. Es gibt tatsächlich einige, wenn auch sehr wenige, Mankos. Wenn Sie einen sehr umfangreichen Wortschatz besitzen und sich mit jemandem unterhalten, dessen eigener Wortschatz deutlich geringer ist, so kann es passieren, dass Ihr Gegenüber Ihnen nicht folgen kann, das Interesse an der Unterhaltung verliert und Sie im schlimmsten Fall als überheblich empfindet. Diese Gefahr besteht besonders im Zusammenhang mit Fremdwörtern und Fachausdrücken, die nicht jedem geläufig sind. Verwenden Sie diese daher in Maßen. Eine Ausnahme gilt selbstverständlich, wenn Sie sich in einem Gespräch mit Fachgenossen befinden. Dann zeugt der Einsatz von Fachtermini von Kompetenz und Ihre Kollegen merken, dass Sie wissen wovon Sie reden. Versuchen

Sie also, Ihr Sprachniveau an das Ihres Gegenübers anzupassen, sodass Sie sich auf dem gleichen oder doch zumindest einem ähnlichen Level bewegen.
Wie am Anfang dieses Kapitels bereits erwähnt, ist die Erweiterung des eigenen Wortschatzes ein Prozess, der niemals endet, sondern ein Leben lang andauert. Darum bedenken Sie stets:

Man vergisst Wörter, wie man anderes vergisst. Der persönliche Wortschatz ist ein Feld, das ständig gedüngt werden muss, damit es nicht verdorrt.
(Evelyn Arthur St. John Waugh, englischer Erzähler und Schriftsteller, 1903 - 1966)

Körperhaltung und Körpersprache

„Man kann nicht nicht kommunizieren."
(Paul Wazlawik, Kommunikationswissenschaftler)

Mit dieser Aussage hat der bekannte Kommunikationswissenschaftler Paul Wazlawik absolut Recht, denn auch wenn Sie nichts sagen, so kommunizieren Sie dennoch – nämlich mit Ihrem Körper. Wenn Sie diesen Umstand verinnerlichen, dann können Sie diese Tatsache zu Ihrem Vorteil nutzen, indem Sie ganz bewusst Körpersignale an Ihr Gegenüber senden und damit dessen bzw. deren Einstellung Ihnen gegenüber zu Ihren Gunsten beeinflussen. Dabei ist jedoch eine gewisse Vorsicht geboten, zumindest bei einem Auslandsaufenthalt, denn nicht überall hat jede Geste die gleiche Bedeutung. Natürlich gibt es einige universelle Signale, die auf der ganzen Welt verstanden werden. Wenn Sie zum Beispiel jemanden anlächeln, so wird der- oder diejenige verstehen, dass Sie mit friedlichen Absichten auf ihn bzw. sie zukommen und Ihnen ebenfalls offen begegnen. Manche Gesten können jedoch auch missverstanden werden. In Deutschland etwa ist es üblich und höflich, die Beine übereinander zu schlagen. In Arabien, wo die Fußsohlen des Menschen als unrein angesehen werden, wird dies jedoch als beleidigend interpretiert. Wenn Sie also einen Auslandsaufenthalt planen oder zum Beispiel ein geschäftliches Meeting mit ausländischen Kollegen ansteht, so sollten Sie sich vorher über die Gepflogenheiten des jeweiligen Landes informieren, um nicht versehentlich in ein Fettnäpfchen zu treten.

Vermeiden Sie diese 5 Anfängerfehler

Jeder von uns hat seine ganz eigene Gestik, Mimik und Körperhaltung. Diese haben wir so sehr verinnerlicht, dass sie uns selbst gar nicht mehr bewusst sind. Doch unser Gegenüber nimmt diese sehr wohl wahr und interpretiert sie entsprechend. Das kann seine Haltung uns gegenüber sowohl positiv als auch negativ beeinflussen. Daher ist es sinnvoll, sich die eigene Körpersprache einmal wieder selbst bewusst zu machen und sich deren Wirkung ins Gedächtnis zu rufen. Dafür können Sie sich zum Beispiel eine Weile im Spiegel betrachten oder ein Video von sich selbst drehen, um sich selbst beobachten zu können. Wenn Sie für Sie selbst typische Verhaltensmuster erkannt haben, so können Sie diese zukünftig durchbrechen und typische Anfängerfehler vermeiden.

Verlegenheitsgesten

Wohl jeder von uns ist schon einmal in eine Situation geraten, in der man sich unwohl gefühlt hat, bedrängt, unter Druck gesetzt oder peinlich berührt. Ganz automatisch machen wir dann bestimmte Verlegenheitsgesten. Der eine fährt sich mit der Hand durch die Haare oder greift sich in den Nacken. Ein anderer spielt nervös mit den Händen oder zupft an seiner Krawatte. Auch die imaginäre Falte, die sorgfältig ausgestrichen werden muss, ist wohl jedem von uns bekannt. So unterschiedlich die jeweiligen Gesten auch sein mögen, so haben Sie doch eines gemeinsam. Sie lassen die Person unsicher und alles andere als souverän wirken. Sie signalisieren unserem Gegenüber also genau das, was wir nicht wollen. Daher sollten Sie in einem Gespräch generell hektische oder überflüssige Bewegungen vermeiden. Zappeln Sie nicht herum, sondern bewegen Sie sich ruhig. Damit hinterlassen Sie nicht nur einen selbstbewussten Eindruck bei Ihrem Gegenüber, sondern beruhigen sich damit auch selbst innerlich, was Ihnen wiederum zu Gute kommt.

Hände verstecken

Nachdem Sie nun erfahren haben, dass Sie keine hektischen Bewegungen machen sollten, mögen Sie vielleicht auf den Gedanken kommen, Ihre Hände dann doch einfach in Ihre Hosentaschen zu stecken oder hinter Ihrem Rücken zu verbergen. Das ist allerdings keine gute Idee, denn auch diese Gesten wirken auf Ihr

Gegenüber alles andere als positiv. Wer seine Hände tief in den Hosentaschen vergraben hat, macht einen gelangweilten und desinteressierten Eindruck – keine hilfreiche Basis für eine anregende Kommunikation. Genauso sollten Sie vermeiden, Ihre Arme vor der Brust zu verschränken. Das macht einen abwehrenden Eindruck. Am besten lassen Sie Ihre Arme ganz entspannt seitlich an Ihrem Körper zu Boden hängen oder nutzen diese sinnvoll, um Ihre Worte zu unterstreichen. Wenn Sie zum Beispiel einen geschäftlichen Vortrag halten, so können Sie immer wieder mit Ihren Händen auf bestimmte Punkte Ihrer Präsentation hinweisen. Manchmal kann auch eine ausladende Handbewegung gut beim Publikum ankommen, nämlich dann, wenn Sie diesen in Ihre Aktionen mit einbeziehen möchten. Das wird Ihre Souveränität verstärken und Ihr Gegenüber von Ihnen überzeugen.

Unsichere Körperhaltung

Nicht nur bestimmte Gesten oder Handbewegungen haben eine Wirkung auf unseren Gesprächspartner bzw. unsere Gesprächspartnerin. Unser ganzer Körper spricht und sendet damit permanent Signale an unsere Umwelt. Wie geht es Ihnen zum Beispiel, wenn jemand mit gebeugtem Rücken und hängenden Schultern im schlurfenden Gang auf Sie zukommt? Halten Sie diese Person für besonders selbstbewusst und souverän? Höchstwahrscheinlich nicht. Vielmehr wird die Person eher unsicher, wenn nicht gar depressiv auf Sie wirken. Betritt jedoch jemand mit forschen Schritten einen Raum, so ist ihm bzw. ihr die Aufmerksamkeit der

Anwesenden gewiss. Mit einer gezielten Körperhaltung können Sie also Einfluss auf Ihren Gesprächspartner bzw. Ihre Gesprächspartnerin nehmen. Darum sollten Sie immer auf Ihre Körperhaltung achten. Halten Sie stets eine bestimmte Körperspannung aufrecht, ohne dabei jedoch angespannt zu wirken. Lassen Sie Ihre Schultern nicht hängen, sondern haben Sie einen geraden Rücken und strecken Sie Ihre Brust heraus. Stehen Sie im wahrsten Sinne des Wortes mit beiden Beinen fest auf dem Boden. Am besten ist hier ein etwa hüftbreiter Stand. Vermeiden Sie es dabei unruhig auf den Zehen zu wippen oder das Gewicht ständig von einem Fuß auf den anderen zu verlagern. Wenn Sie bei der Unterhaltung sitzen, so lümmeln Sie sich nicht in den Stuhl, sondern sitzen Sie mit geradem Rücken. Lassen Sie Ihren Kopf nicht hängen – weder im direkten noch im übertragenen Sinne.

Auf den Boden schauen oder blinzeln

Ein weiterer typischer Anfängerfehler besteht darin, dass man ständig auf den Boden schaut oder nervös blinzelt. Beides vermittelt dem anderen oder der anderen den Eindruck, als habe man Angst oder etwas zu verbergen. Beide Wahrnehmungen sind keine gute Grundlage, um Vertrauen aufzubauen und den anderen bzw. die andere von den eigenen Ansichten zu überzeugen. Suchen Sie daher immer wieder den Blickkontakt mit Ihrem Gesprächspartner bzw. Ihrer Gesprächspartnerin. Weichen Sie den Blicken Ihres Gegenübers nicht aus, sondern halten Sie diesen stand. Schauen Sie die Person offen und interessiert an. Dabei sollten Sie natürlich Ihr Gegenüber nicht krampfhaft anstarren, denn dies wäre nicht nur unhöflich, sondern könnte den anderen bzw. die andere auch einschüchtern. Hier ist also ein gutes Mittelmaß genau das richtige.

Äußeres Erscheinungsbild

Der letzte Punkt, auf den ich in diesem Zusammenhang zu sprechen kommen möchte, hat nicht direkt etwas mit der Körperhaltung zu tun, aber dennoch großen Einfluss auf die Wahrnehmung Ihres Gegenübers. Ich meine damit Ihre Kleidung bzw. Ihr Äußeres. Um zu verdeutlichen was ich meine, stellen Sie sich jemanden in einer Polizeiuniform vor. Allein die Tatsache, dass die Person diese spezielle Kleidung trägt, hat eine gewisse Wirkung auf uns. Dabei kann diese natürlich ganz unterschiedlich sein. Eine ältere Dame, der gerade Ihre Handtasche geklaut wurde, wird beim Anblick eines Polizisten oder einer Polizistin Erleichterung verspüren, während der Dieb eher das Gegenteil, nämlich Furcht, empfinden wird. Nun tragen die wenigsten von uns eine Uniform, dennoch hat unsere Kleidung eine Wirkung auf unsere Gesprächspartner bzw. Gesprächspartnerinnen. Generell gilt: Passen Sie Ihre Kleidung den Gegebenheiten an. Auf einem wichtigen Geschäftsmeeting sollten Sie auf jeden Fall formeller erscheinen als etwa auf der Einweihungsfeier des neuen Nachbarn. Es muss also nicht zwingend der Anzug oder das schwarze Kleid sein. Sie sollten schon etwas tragen, in dem Sie sich wohl fühlen. Wenn Sie sich zum Beispiel als Frau missmutig in High Heels zwingen, statt Ihre geliebten Ballerinas zu tragen, so wirkt das einer entspannten Stimmung eher entgegen. Sie müssen und sollten sich nicht verbiegen, sondern Ihrem Stil treu bleiben, denn dieser ist ein Teil Ihrer Selbst. Ihre Kleidung sollte aber auf jeden Fall sauber und heile sein. Das macht einen gepflegten Eindruck. Für die Damen gilt, dass Sie nicht zu viel Haut zeigen sollten. Ein tiefer Ausschnitt etwa wirkt selten seriös. Natürlich spielt nicht nur Ihre Bekleidung eine Rolle. Zum äußeren Erscheinungsbild gehören ebenso ein ordentlicher Haarschnitt, saubere Fingernägel, bei den Damen ein dezentes Make-up und dergleichen.

Selbstbewusstes und überzeugendes Auftreten

Wenn Sie die oben genannten Fehler vermeiden, haben Sie schon einen sehr großen Schritt in Richtung eines selbstbewussten und überzeugenden Auftretens geschafft. Statt Verlegenheitsgesten können Sie sich etwa eine Standardhaltung angewöhnen, die Sie in Gesprächspausen einnehmen. Eines der prominentesten Beispiele hierfür ist wohl Angela Merkel, deren typische Handpose immer wieder zu sehen ist. Nun sollten Sie diese Geste nicht einfach übernehmen, denn das würde vermutlich aufgesetzt wirken. Finden Sie stattdessen eine Standardhaltung, in der Sie sich wohl fühlen und die dennoch souverän wirkt. Bei Präsentationen zum Beispiel kann man seine Hände gut einsetzen, um das Gesagte zu unterstreichen. So kann man etwa auf eine Tabelle, über die man gerade spricht, hindeuten. Oder man kann bei einer Aufzählung mit den Fingern mitzählen.

Achten Sie generell auf Ihr Äußeres. Dazu gehören ganz selbstverständliche Dinge wie das tägliche Duschen und regelmäßige Besuche beim Friseur, aber auch Sachen, an die man vielleicht nicht sofort denkt. So wirkt es sich etwa positiv auf Ihren Körper aus, wenn Sie regelmäßig Sport treiben. Damit tun Sie nicht nur Ihrer Gesundheit etwas Gutes sondern fühlen sich gleichzeitig einfach wohler in Ihrer Haut. Sie müssen dafür nun nicht dreimal pro Woche ins Fitnessstudio laufen und Gewichte stemmen. Es können genauso gut regelmäßiges Schwimmen oder Spaziergänge an der frischen Luft sein. Suchen Sie sich einen Sport, der Ihnen Spaß macht und mit dem Sie sich wohlfühlen.

Den wichtigsten Tipp, den ich Ihnen zum Thema Körpersprache bzw. -haltung geben kann, lautet: Lieben Sie sich selbst. Stehen Sie zu sich und Ihrem Körper, auch wenn Sie vielleicht keine Modellmaße besitzen sollten. Denn wenn Sie sich selbst annehmen, wie Sie sind, dann werden Sie dies auch ausstrahlen und Ihre Mitmenschen mit dieser Ausstrahlung in Ihren Bann ziehen.

Übungen für eine bessere Körperhaltung

Beobachten Sie sich selbst eine Zeit lang im Spiegel. Das mag anfangs ungewohnt sein, doch es ist eine hilfreiche Übung dabei, bewusster auf die eigene Körperhaltung zu achten. Schauen Sie, ob Sie Verlegenheitsgesten an sich selbst feststellen und ersetzen Sie diese durch eine Standardhaltung. Lassen Sie auch diese im Spiegel auf sich wirken und passen Sie sie gegebenenfalls an. Achten Sie darauf, möglichst hüftbreit und mit beiden Füßen ruhig auf dem Boden zu stehen. Wenn Sie eine Rede halten, so nehmen Sie ganz bewusst immer wieder Blickkontakt zu Ihrem Publikum auf. Wenn Ihnen dies nicht auf Anhieb gelingt, so schauen Sie über die Köpfe Ihrer Zuhörer hinweg oder auf deren Stirn. Wichtig ist, dass Sie nicht auf den Boden schauen. Verstecken Sie sich nicht, sondern zeigen Sie sich.

Wenn Sie jemanden mit einem Handschlag begrüßen, so stellen Sie sicher, dass dieser fest ist. Ein zu weicher Handschlag lässt auf wenig Durchsetzungskraft schließen. Sie können zum Beispiel gut Zuhause mit Mitgliedern Ihrer Familie oder Freunden üben. Bitten Sie diese um Feedback, wie Ihr Handschlag wirkt. Ist er zu fest oder zu schwach?

Treiben Sie regelmäßig Sport. Dabei müssen Sie keine Höchstleistungen erbringen, aber eine gewisse körperliche Fitness hat durchaus eine positive Wirkung auf Ihre Ausstrahlung. Aber nicht nur Bewegung, sondern auch Erholung sind wichtig, um nicht ausgelaugt oder gestresst zu erscheinen. Pflegen Sie ein Hobby, das Sie Ihnen gut tut oder entspannen Sie einmal in der Sauna. Finden Sie ein gesundes Maß aus Anspannung und Ruhe.

Vorteile einer guten Körperhaltung

Eine gute Körperhaltung hat viele Vorteile, allen voran natürlich gesundheitliche. Eine aufrechte Haltung beugt zum Beispiel Rückenschmerzen vor. Sie fühlen sich wohler in Ihrem Körper und strahlen dies auch aus. So wirken Sie nicht nur selbstbewusster, sondern sind es auch. Sie überzeugen Ihr Gegenüber nicht nur mit Ihren Worten, sondern mit Ihrer gesamten Erscheinung. Oftmals ist gerade der erste Eindruck entscheidend, wie man sein Gegenüber einschätzt. Sorgen Sie mit einer bestimmten Körpersprache dafür, dass dieser erste Eindruck positiv ist. Dann erscheinen Sie im weiteren Kontakt präsenter und bekommen mehr Aufmerksamkeit von Ihrem Gesprächspartner bzw. Ihrer Gesprächspartnerin. Eine gezielt eingesetzte Körpersprache ermöglicht es Ihnen, Ihre Meinung zum Ausdruck zu bringen, ohne etwas sagen zu müssen.

So sagen zum Beispiel eine hochgezogene Augenbraue oder ein Stirnrunzeln manchmal mehr als tausend Worte.

Bedenken Sie

Die Körpersprache ist zwar stumm, aber vielsagend.
(Helmut Glaßl, Dipl.-Ing., Maler, Aphoristiker)

Smalltalk

Smalltalk ist die Kunst zu reden, ohne zu denken.
(Andreas Tenzer, deutscher Philosoph und Pädagoge)

Smalltalk stellt eine leichte Unterhaltung dar. Gerade diese Leichtigkeit ist es jedoch, die vielen so schwer fällt. Man macht sich Gedanken, was man sagen soll bzw. wie man wohl auf sein Gegenüber wirkt. Schließlich ist Smalltalk oftmals die Eintrittskarte in eine zukünftige Beziehung, egal ob nun geschäftlicher oder privater Natur. Dabei soll die Unterhaltung als „Eisbrecher" dienen. Man möchte seinen Gesprächspartner bzw. seine Gesprächspartnerin erst einmal kennenlernen und „beschnuppern". Doch wie bringt man eine solche Kommunikation, die leicht aber nicht gedankenlos wirken soll, in Gang? Am Ende dieses Kapitels werden Sie die Antwort auf diese Frage wissen.

Typische Fehler im Smalltalk

Es gibt einige typische Fehler, die gerade Anfänger im Smalltalk immer wieder begehen. Wenn Sie es schaffen, diese zu vermeiden, dann haben Sie schon sehr viel gewonnen.

Der wohl typischste Fehler beim Smalltalk ist der, dass Sie sich zu viele Gedanken darüber machen, was Sie sagen sollen oder eben besser nicht sagen sollten. Das nimmt der Unterhaltung die Leichtigkeit, durch die guter Smalltalk sich auszeichnet. Außerdem blockiert es Sie selbst und nimmt Ihnen die Möglichkeit, zeitnah auf die Aussage Ihres Gegenübers zu reagieren. Versuchen Sie daher, nicht zu viel nachzudenken. Sagen Sie das, was Ihnen als erstes in den Sinn kommt. Wenn Sie sich vorher gut auf das Treffen vorbereitet haben, dann haben Sie alles getan, was Sie tun konnten. Jetzt geht es darum, locker zu lassen und die Unterhaltung nach Ihrer eigenen Dynamik laufen zu lassen.

Ein weiterer häufiger Fehler hängt eng mit dem zuerst

genannten zusammen. Manche Menschen legen jedes Wort auf die Goldwaage. Das sollten Sie beim Smalltalk tunlichst unterlassen – sowohl bei Ihren eigenen Worten als auch bei denen Ihres Gegenübers. Smalltalk ist eine relativ schnelle, dynamische Art der Unterhaltung. Da bleibt nicht viel Zeit, sich den „perfekten“ Begriff zu überlegen und das ist auch gar nicht notwendig, denn der Smalltalk stellt nur den Einstieg in die gegenseitige Kommunikation dar. Wenn dieser gelingt, dann können Sie zu einem späteren Zeitpunkt immer noch zu einer ernsthaften Diskussion übergehen, bei der Sie die Möglichkeit bekommen werden, ins Detail zu gehen.

Verbergen Sie Ihre Emotionen nicht. Das bedeutet nicht, dass Sie beim Smalltalk in Tränen ausbrechen oder vor Freude auf den Tischen tanzen sollen. Aber zeigen Sie sich durchaus von Ihrer menschlichen Seite. Niemand möchte sich mit einer Maschine unterhalten, die kalt und desinteressiert wirkt. Darum geben Sie ruhig Ihrer Überraschung oder Ihrer Freude Ausdruck, wenn es zu der Situation passt. Zeigen Sie aufrichtiges Interesse und lächeln Sie Ihr Gegenüber immer wieder an. Das schafft eine Verbindung zwischen Ihnen, auf die Sie aufbauen können.

Wie bereits erwähnt, stellt Smalltalk eine leichte Unterhaltung dar. Vermeiden Sie daher tote Themen oder solche, die für Zündstoff sorgen könnten. Tote Inhalte sind solche, bei denen jeder Beteiligte erleichtert aufatmet, wenn das Gespräch vorbei ist. Auch kritische Themen sollten Sie möglichst umschiffen. Vermeiden Sie es zum Beispiel, eine politische Diskussion zu beginnen. In der Regel kann man beim Smalltalk sein Gegenüber noch nicht gut genug einschätzen, um zu wissen, wie der- bzw. diejenige politisch eingestellt ist.

Darum ist das Risiko hoch, ungewollt in ein Fettnäpfchen zu treten. Etwas anderes gilt natürlich, wenn Sie auf eine Wahlkampfveranstaltung gehen. Dann ist eine politische Diskussion nicht nur möglich sondern erwünscht. Was für die Politik gilt, gilt auch für den Austausch über andere Personen. Lästern Sie auf keinen Fall über andere, egal ob diese gerade anwesend sind oder nicht. Sie wissen nicht, wie Ihr Gegenüber zu der betreffenden Person steht, vielleicht sind die beiden enge Geschäftspartner oder gute Freunde. Wählen Sie für Smalltalk unverfängliche Themen wie das Wetter oder zum Beispiel die Veranstaltung, auf der Sie Ihrem Gesprächspartner bzw. Ihrer Gesprächspartnerin begegnen. Das ist vielleicht nicht sonderlich originell, aber so befinden Sie sich auf sicherem Terrain und die Gefahr, unangenehm aufzufallen, ist sehr gering.

Halten Sie keinen Monolog, indem Sie einen unendlichen Redefluss über Ihr Gegenüber ergießen. Smalltalk lebt vom Dialog und daran sind immer mindestens zwei Personen beteiligt. Also lassen Sie Ihren Gesprächspartner bzw. Ihre Gesprächspartnerin ebenfalls zu Wort kommen. Gehen Sie auf die Themenwahl Ihres Gegenübers ein und stellen Sie Rückfragen, die Ihr Interesse signalisieren.

Schritt für Schritt zum Smalltalk Meister

Die wenigsten von uns werden als Smalltalk-Meister geboren. Somit müssen die meisten von uns sich erst einmal an diese Thematik herantasten und diese Art der Kommunikation lernen. Das ist überhaupt nicht schlimm. Also lassen Sie sich nicht entmutigen. Ich gebe Ihnen in diesem Kapitel eine Schritt-für-Schritt-Anleitung an die Hand, mit der Sie schon bald zum Smalltalk-Meister werden.

Leiten Sie die Aufmerksamkeit von sich selbst weg zu Ihrem Gegenüber. Das hat mehrere Vorteile. Einerseits erfahren Sie so Dinge über den anderen bzw. die andere, die sich in der Zukunft einmal als nützlich erweisen können. Andererseits verschafft diese Taktik Ihnen eine kleine „Atempause", wenn Ihnen gerade kurz der Gesprächsstoff auszugehen droht.

Der Ball befindet sich sozusagen in der Spielhälfte des bzw. der anderen und dieser/diese muss ihn erst wieder an Sie zurückspielen.

Wie bereits etwas weiter oben erwähnt, möchte sich niemand gerne mit einer gefühllosen Maschine unterhalten. Darum zeigen Sie Ihre Emotionen. Bekunden Sie Interesse indem Sie Fragen an Ihr Gegenüber richten. Zeigen Sie ehrliche Wissbegierde an dessen oder deren Sicht der Dinge. Lächeln Sie oder lachen Sie auch, wenn es zu der Situation passt. All das macht eine Unterhaltung lebendig und spannend.

Bleiben Sie locker und verkrampfen Sie nicht. Das ist sicher anfangs leichter gesagt als getan, aber mit zunehmender Übung wird es Ihnen immer leichter fallen. Je öfter Sie Smalltalk halten werden, umso sicherer werden Sie sich fühlen. Jedes Gespräch bringt Sie einen Schritt weiter in Ihrer Entwicklung zum Smalltalk-Meister. Hier gilt: üben, üben, üben.

Wählen Sie für Ihren Smalltalk unkritische Themen. Vermeiden Sie es, über Politik, Krankheiten oder Religion zu sprechen. Hier ist das Risiko zu hoch, Ihr Gegenüber versehentlich zu brüskieren. Eine Ausnahme ist es natürlich, wenn es sich zum Beispiel um eine politische Veranstaltung handelt. Dann ist diese Thematik nicht nur in Ordnung, sondern sogar erwünscht. Ansonsten gilt, dass Sie sich auf Inhalte konzentrieren sollten, die möglichst unverfänglich sind und zu denen jeder etwas beitragen kann. Hier bietet sich zum Beispiel das Wetter an. Das mag kein besonders einfallsreiches Thema sein, aber man findet schnell Gemeinsamkeiten und kommt so in die Unterhaltung hinein. Ein weiteres gutes Beispiel ist es, wenn man sich auf einer Veranstaltung befindet, das Thema dieser aufzugreifen.

Beziehen Sie Ihr Gegenüber mit in die Unterhaltung ein und lassen Sie ihn oder sie zu Wort kommen. Stellen Sie Fragen. Das zeugt von Interesse. Lassen Sie Ihren

Gesprächspartner oder Ihre Gesprächspartnerin ausreden und unterbrechen Sie diesen bzw. diese nicht. Signalisieren Sie durch Ihre Körpersprache Offenheit und Zugewandtheit, denn vermutlich fühlt Ihr Gegenüber sich genauso gehemmt wie Sie.

Abschließend der wohl wichtigste Tipp, den man im Zusammenhang mit Smalltalk geben kann: trauen Sie sich. Selbst wenn anfangs vielleicht mal etwas schief gehen sollte, Sie nicht die richtigen Worte finden oder ins Stocken geraten. All das ist nicht tragisch. Vergessen Sie nicht, dass Ihr Gesprächspartner bzw. Ihre Gesprächspartnerin irgendwann einmal genauso angefangen hat, wie Sie jetzt. Darum lassen Sie sich von anfänglichen Unsicherheiten nicht entmutigen und üben Sie weiter.

Richtige Vorbereitung ist die halbe Miete

Auch wenn guter Smalltalk typischerweise leicht und locker ist, so bedeutet dies keineswegs, dass er keine Vorbereitung benötigt. Ganz im Gegenteil bildet eine gewissenhafte Vorarbeit die beste Grundlage für die kommende Unterhaltung, denn Sie werden sich dadurch sicherer fühlen und selbstbewusster auftreten. Darum hier einige hilfreiche Tipps für Sie.

Achten Sie auf Ihr Äußeres. Das mag banal klingen, ist aber leider nicht für jeden selbstverständlich. Gehen Sie vor der Veranstaltung duschen. Ziehen Sie saubere Kleidung an, die zu der Gelegenheit passt. Bei einem geschäftlichen Termin sollte diese formaler ausfallen als bei einem Zusammentreffen in lockerer Runde. Achten Sie auf Ihre Frisur, Ihr Make-up (für die Damen).
Nehmen Sie alles mit, was Sie brauchen. Wenn Sie zum Beispiel zu Fuß unterwegs sind und es nach Regen aussieht, nehmen Sie einen Schirm mit. Das ist besser

als wie ein begossener Pudel auf dem Termin zu erscheinen. Wenn es sich um ein geschäftliches Meeting handelt, dann stellen Sie sicher, dass Sie die notwendigen Unterlagen bei sich haben. Nehmen Sie etwa Ihre Visitenkarten oder Flyer mit. Machen Sie sich früh genug auf den Weg, um pünktlich zu erscheinen.

Manchmal kann es sich anbieten ein kleines Geschenk mitzubringen. Wenn Sie zum Beispiel von Ihrem Chef nach Hause zum Essen eingeladen werden, so kommt ein Strauß Blumen für die Dame des Hauses in der Regel gut an (Natürlich sollten Sie vorher überprüfen, ob es eine solche gibt!) Handelt es sich um eine Geburtstagsfeier, dann können Sie eine Flasche Wein mitbringen oder dem neuen Nachbarn eine Kleinigkeit für die neue Wohnung überreichen. Wählen Sie dabei ein kleines, unverbindliches Geschenk. Sie müssen dafür nicht viel Geld ausgeben. Was zählt ist die Geste.

Wenn es sich um eine geschäftliche Veranstaltung handelt, auf die Sie gehen, dann informieren Sie sich vorher über das Thema des Events. Holen Sie Daten zu dem Veranstalter und den anderen Teilnehmern ein. Überlegen Sie sich, welche der Gäste besonders interessant für Sie sind und versuchen Sie diese dann gezielt anzusprechen.

Legen Sie sich ein paar Standardfragen zurecht. Hierbei sollten Sie unterscheiden, ob es sich um ein privates oder geschäftliches Ereignis handelt. Fragen wie „Wie gefällt Ihnen die Veranstaltung“ bzw. „Wie gefällt dir die Party?“ gehen eigentlich immer. Andere Beispiele sind: „Woher kommst du?“ oder „Woher kennst du den Gastgeber?“ Bei geschäftlichen Terminen hat man oft die Möglichkeit, sich vorher über die Teilnehmer zu informieren. Diese Mühe sollten Sie sich auch machen, denn zum Beispiel den Ausrichter zu fragen, wie er seine eigene Veranstaltung findet ist äußerst peinlich. Auch den Geschäftsführer eines Unternehmens sollte man möglichst nicht fragen, was er denn beruflich so macht. Das zeugt von Desinteresse, schlechter Vorbereitung und wirkt schlicht unprofessionell.

Wenn Sie nun mit jemandem ins Gespräch gekommen sind, so stellen Sie möglichst viele offene Fragen. Dadurch erfahren Sie besonders viel über Ihr Gegenüber und verschaffen sich selbst gleichzeitig eine kleine Atempause, in der Sie sich etwa Ihre nächste Frage überlegen können. Hören Sie Ihrem Gegenüber gut zu und merken Sie sich, was die Person Ihnen erzählt hat.

Besonders hilfreich beim Smalltalk ist es, wenn man ein Thema findet, das beide Gesprächsteilnehmer gleichermaßen interessiert. Das kann zum Beispiel ein Hobby sein, welches beide ausüben. So hat man nicht nur reichlich Gesprächsstoff, sondern es entwickelt sich schnell und ohne große Mühe ein Gefühl der Verbundenheit durch die gemeinsame Basis, die man hat.

Bleiben Sie authentisch

Der wichtigste Ratschlag, den man im Zusammenhang mit Smalltalk bzw. Kommunikation allgemein geben kann, ist der, dass man sich nicht verstellen sollte. Geben Sie sich so, wie Sie sind. Dann fühlen Sie sich automatisch wohl in Ihrer Haut und strahlen dies auch aus. Nichts gibt mehr Sicherheit und wirkt eindrücklicher auf andere als ein absolut authentischer Mensch.

Reden lernt man nur durch reden.

(Marcus Tullius Cicero, römischer Redner und Staatsmann)

Schlagfertigkeit

Wer wüßt´ es nicht aus eigener Erfahrung? Es gibt erstaunlich schlagfertige Antworten, die einem >eine Stunde später< einfallen.

(Otto Weiß, Wiener Musiker und Feuilletonist)

In dieser Aussage steckt sehr viel Wahres. Wer von uns hat nicht schon einmal eine Situation erlebt, in der einem die passende Antwort leider nicht rechtzeitig einfiel. Stunden später Zuhause hätte man dann ein Dutzend schlagfertige Erwiderungen parat gehabt. Doch dann ist es zu spät. Damit Ihnen dies zukünftig nie wieder passiert, präsentiere ich Ihnen gleich einige Taktiken, wie Sie Schlagfertigkeit lernen können.

Bedenken Sie aber bitte, dass man sich mit schlagfertigen Antworten nicht immer Freunde macht, denn die Erwiderungen sind nicht immer sonderlich nett oder schmeichelhaft. Oft sind schlagfertige Aussagen sogar recht fies. Dadurch fühlen sich manche Menschen auf den Schlips getreten. Daher kann es manchmal auch besser sein, nicht zu gemein zu antworten, sondern dem Gegenüber einfach nur den Wind aus den Segeln zu nehmen. Mit der Zeit werden Sie ein Gespür dafür entwickeln, was geht und was nicht.

6 geheime Taktiken wie Sie Schlagfertigkeit lernen

Wenn jemand etwas wenig Schmeichelhaftes zu Ihnen sagt, dann entkräften Sie diesen verbalen Angriff am besten damit, dass Sie noch eins drauf setzen. Übertreiben Sie dabei maßlos und machen Sie Ihren Gesprächspartner bzw. Ihre Gesprächspartnerin damit sprachlos. Sagt zum Beispiel jemand zu Ihnen: „Du stinkst." dann wird demjenigen ein „Warte ab, bis ich erstmal meine Schuhe ausziehe." die Sprache verschlagen.

Eine weitere gute Methode, um eine Verbalattacke elegant abzuwehren und Ihr den Stachel zu nehmen, besteht darin, die Aussage des oder der anderen einfach mit einem „wenn das bedeutet, dass…" umzudeuten. Wenn Ihnen zum Beispiel jemand an den Kopf schmeißt: „Du lachst aber nervig viel." dann erwidern Sie ganz ruhig: „Wenn das bedeutet, dass ich gerne Spaß

mit meinen Mitmenschen habe, dann hast du vollkommen recht.
“So viel Abgeklärtheit wird Ihr Gegenüber verunsichern und zum Schweigen bringen.
Die nächste Methode, die ich Ihnen vorstellen möchte, ist die sogenannte Umkehr-Taktik. Damit drehen Sie den Spieß einfach um und entwaffnen Ihr Gegenüber so. Berühmtestes Beispiel für diese Vorgehensweise ist wohl Winston Churchill. Die Politikerin Lady Astor sagte einst zu ihm: „Wenn ich Ihre Ehefrau wäre, dann würde ich Ihnen Gift in den Kaffee mischen.“ Darauf erwiderte Churchill: „Und wenn ich Ihr Ehemann wäre, dann würde ich den Kaffee trinken.“ Auch wenn ich bei diesem kleinen Schlagabtausch nicht zugegen war, bin ich sicher, dass die gute Lady daraufhin erst einmal verstummt ist.

Auch unerwartete Zustimmung ist eine geeignete Möglichkeit, dem Gegenüber den Wind aus den Segeln zu nehmen, da er bzw. sie nicht damit rechnen wird. Behauptet Ihnen gegenüber zum Beispiel jemand: „Du hast aber ganz schön zugenommen seit wir uns das letzte mal gesehen haben.“ dann geben Sie der Person doch einfach mit einem „Stimmt, das ist mir neulich im Spiegel auch aufgefallen.“ recht. Ihr Gegenüber wird durch Ihre Zustimmung so überrascht sein, dass es ihm bzw. ihr die Sprache verschlagen wird.

Neben direkten Erwiderungen auf eine verbale Attacke haben Sie auch die Möglichkeit, auf diese gar nicht einzugehen. Stellen Sie sich zum Beispiel vor, dass Sie eine Präsentation halten, bei der Sie mehrere Argumente aufführen und ein Kollege sagt: „Was du da anführst ergibt keinen Sinn.“ Dann könnten Sie sich in eine

Diskussion mit der Person einlassen. Sie können den Widerspruch aber auch einfach mit einem „Ok." abtun und im Thema weitermachen mit einem Satz wie: „Dann möchte ich noch folgendes präsentieren…" Auf diese Art und Weise ist Ihr Gegenüber seine Provokation losgeworden und Sie haben die Person eiskalt abblitzen lassen.

Die letzte Taktik, die ich Ihnen vorstellen möchte, ist wohl die schwierigste von allen, denn hier gilt es geduldig zu sein und abzuwarten. Provoziert Sie jemand mit einer Aussage, so reagieren Sie einfach gar nicht. Das zwingt die Person, die entstehende Stille zu ertragen und irritiert. Die meisten Menschen empfinden eine solche Stille als unangenehm und fühlen sich dazu verleitet, sich erklären zu wollen. Dadurch gewinnen Sie wertvolle Zeit, um sich eine treffende Antwort einfallen zu lassen, mit der Sie den anderen Schachmatt setzen.

Die 2 absoluten NO-GOS in Wortgefechten

Wie zu Beginn des Kapitels bereits erwähnt, ist Schlagfertigkeit nicht immer nett und kann Ihr Gegenüber auch einmal treffen. Das ist ein Risiko, dass Sie in gewisser Weise eingehen müssen. Aber übertreiben Sie es dabei bitte nicht. Genauso sollten Sie Vorwürfe einer anderen Person niemals persönlich nehmen. Auch wenn ein Kollege zum Beispiel Ihre Arbeit bei einem gemeinsamen Projekt scharf kritisiert, so meint er bzw. sie damit nicht Sie als Mensch. Das sollten Sie immer versuchen zu unterscheiden. Gleichzeitig sollten natürlich auch Sie Ihr Gegenüber nicht persönlich attackieren. Bei aller Schlagfertigkeit sollte der gegenseitige Respekt voreinander nicht verloren gehen. Das zweite No-Go in Wortgefechten besteht darin, nie beweisen zu wollen, dass man recht hat.

Das würde zu einer endlosen Diskussion und im schlimmsten Fall zu einer völligen Eskalation der Situation führen. Auch das kann nicht im Sinne des Erfinders sein.

Nicht Sieg sollte der Sinn der Diskussion sein, sondern Gewinn.
Joseph Joubert

Schlagfertigkeit kann man lernen

Manche Menschen sind Naturtalente wenn es um Schlagfertigkeit geht. Sie haben scheinbar immer eine treffende Antwort auf Lager. Den meisten von uns ergeht es aber eher so, dass uns die passende Erwiderung auf eine verbale Attacke erst einige Zeit später einfällt. Dann ärgern wir uns vielleicht und fragen uns, warum uns das nicht früher eingefallen ist. Doch es gibt in diesem Zusammenhang eine gute Nachricht: Schlagfertigkeit kann man lernen. Dabei gilt: Schnelligkeit geht vor Perfektion. Ihre Antwort auf einen unverschämten Kommentar muss nicht wohl durchdacht sein, sondern vor allem spontan. Sie können sich zum Beispiel in einem ruhigen Moment einmal eine Liste mit passenden Antworten für bestimmte Standard-Situationen schreiben. Es gibt einige Erwiderungen, die für eine Reihe von typischen Situationen passend sind.

Ein paar Beispiele dafür sind: „Ohne meinen Anwalt sage ich gar nichts." oder „Können Sie das auch rückwärts?" Auch die Gegenfrage „Wie kommen Sie darauf?" bietet sich bei vielen Gelegenheiten an. Sie hat zusätzlich den Vorteil, dass damit Ihr Gegenüber am Zug ist und sich erklären muss. Das verschafft Ihnen genug Zeit, um sich eine treffende Erwiderung einfallen zu lassen. Manchmal kommt es vor, dass man einen Schlagabtausch zweier Kontrahenten mitbekommt ohne selbst involviert zu sein. Wenn man dabei eine schlagfertige Antwort hört, so sollte man sich diese merken. Es ist durchaus erlaubt, bei anderen zu „klauen". Wichtig ist dabei nur, dass der Spruch zu einem selbst und der Situation passt, sodass er völlig natürlich und keineswegs aufgesetzt erscheint.

Nie mehr sprachlos

Wie bereits mehrfach erwähnt, gewinnt man mit Schlagfertigkeit nicht unbedingt Freunde, sondern tritt dem ein oder anderen auch einmal auf die Füße. Darum kostet schlagfertig zu sein manchmal etwas Überwindung. Besonders am Anfang, wenn man noch nicht so geübt darin ist. Aber es ist die Mühe auf jeden Fall wert, denn Sie werden nicht nur selbstbewusster erscheinen, sondern es auch sein. Ihr Umfeld wird merken, dass man mit Ihnen nicht machen kann, was man will, sondern Sie sich durchaus zur Wehr setzen können. Und das auch noch mit Witz und Charme. Diese Tatsache wird Ihnen den Respekt Ihrer Kollegen und Freunde verschaffen.

Das wiederum strahlt auf Sie zurück und steigert Ihr eigenes Durchsetzungsvermögen. Sie werden sich sicherer und wenigen angreifbar fühlen. Und je öfter Ihnen eine schlagfertige Antwort gelingt, desto selbstbewusster werden Sie. Also, trauen Sie sich!

Schlagfertig ist jede Antwort, die so klug ist, daß der Zuhörer wünscht, er hätte Sie gegeben.

(Elbert Hubbard, amerikanischer Schriftsteller, Essayist, Philosoph und Verleger)

Mindset

Wir können den Wind nicht ändern, aber die Segel anders setzen. (Aristoteles)

Jeder von uns gerät in seinem Leben einmal in schwierige, unangenehme oder peinliche Situationen. Für niemanden scheint nur die Sonne, sondern manchmal bekommen wir vom Leben ganz schön Gegenwind. Daran können wir nichts ändern, weil es Dinge gibt, auf die wir schlicht und einfach keinen Einfluss haben. Doch wie wir jeweils mit einer solchen Situation umgehen, darauf haben wir sehr wohl Einfluss. Sie können also über eine Sache jammern oder versuchen, das Beste daraus zu machen. Das ist allein Ihre Entscheidung.

Wenn Sie sich für letzteres entscheiden, dann werden Sie an dieser Herausforderung wachsen und im Endeffekt stärker denn je sein. Wie Sie sich in einer herausfordernden Situation verhalten hängt also entscheidend von Ihrem Mindset ab.Nun mögen Sie sich vielleicht fragen, was dies mit Ihrer Art der Kommunikation zu tun hat. Sehr viel. Ist Ihnen schon einmal aufgefallen, dass das Wort „Unterhaltung" das Wort „Haltung" beinhaltet? Unsere innere Einstellung spiegelt sich nämlich in unserer Sprache wider. Daher habe ich einige Mindset-Tipps zum Thema Rhetorik für Sie zusammengestellt.

6 Mindset Tipps, die Wunder in Ihrem Kopf bewirken

Eine Unterhaltung besteht immer aus mindestens zwei Personen. Sonst wäre es schließlich ein Monolog. Bestreiten Sie also eine Unterhaltung nicht alleine. Nehmen Sie sich selbst ein wenig zurück und beziehen Sie Ihr Gegenüber bewusst mit ein. Haken Sie nach, wenn Ihnen etwas unklar ist oder fragen Sie Ihren Gesprächspartner bzw. Ihre Gesprächspartnerin nach dessen bzw. deren Meinung. So lernen Sie nicht nur den Standpunkt Ihres Gegenübers kennen, sondern erhalten vielleicht einen völlig neuen Blickwinkel auf einen bestimmten Sachverhalt. Das kann sehr inspirierend sein.

Ein weiterer Ratschlag, der in eine ganz ähnliche Richtung weist, lautet: Rücken Sie Ihren Gesprächspartner bzw. Ihre Gesprächspartnerin in den Mittelpunkt des Interesses. Dieses Verhalten wird

Ihrem Gegenüber schmeicheln. Dadurch ist die Person Ihnen gegenüber automatisch wohlgesonnen und geneigt, auch Ihnen zuzuhören. Ideal ist es natürlich, wenn Sie eine Gemeinsamkeit entdecken. Das kann zum Beispiel ein gemeinsames Hobby sein. Das ist ein Thema, bei dem sich beide auskennen und wohlfühlen. Dann läuft die Unterhaltung praktisch von ganz alleine und macht beiden Spaß. Besser kann es nicht laufen.

Es gibt noch eine weitere, ganz simple Methode, wie Sie Ihr Gegenüber für sich einnehmen können. Machen Sie Komplimente. Wohl jeder von uns fühlt sich geschmeichelt, wenn man ein Kompliment erhält. Ohne groß darüber nachzudenken findet man den Komplimentegeber sympathisch. Indem Sie also die persönliche Ebene Ihres Gesprächspartners bzw. Ihrer Gesprächspartnerin angesprochen haben, haben Sie eine erste Verbindung geschaffen. Nun gilt es, diese weiter auszubauen.

Nicht jedes Thema ist gleich interessant für Ihre Zuhörer. Besonders wenn es um etwas so trockenes wie Zahlen, Daten und Fakten geht, ist es schwierig, das Publikum zu fesseln. Versuchen Sie trotzdem, nicht nur die nüchternen Informationen zu vermitteln, sondern das Thema etwas aufzulockern. Dafür dürfen Sie gerne auch mal eine kleine Anekdote aus Ihrem Leben zur Hilfe nehmen. Erzählen Sie Geschichten. Erwecken Sie in Ihrem Gegenüber ein Bild im Kopf, das bei ihr bzw. ihm Emotionen hervor ruft. Diese bleiben viel besser im Gedächtnis haften als die nackten Tatsachen.

Achten Sie auf Ihre Stimmlage sowie Betonung. Nichts ist langweiliger als jemand, der in immer der gleichen, monotonen Tonlage spricht. Das wirkt auf Zuhörer uninteressant und einschläfernd. Schnell geht das Interesse an dem Gesagten verloren. Dieses dann wiederzuerlangen ist nicht einfach. Darum sorgen Sie dafür, dass Ihr Gesprächspartner bzw. Ihre Gesprächspartnerin Ihren Ausführungen gerne folgt. Transportieren Sie mit Ihren Worten Emotionen. Wenn Sie zum Beispiel eine lustige Begebenheit erzählen, dann lächeln Sie beim Sprechen. Drücken Sie dagegen etwa jemandem Ihr Beileid aus, so sprechen Sie eher bedeckt und ruhig. Geben Sie sich so wie Sie sind. Das wirkt authentisch. Die Betonung eines Satzes spielt eine sehr wichtige Rolle. Sie kann die Bedeutung komplett ändern. Hierzu ein bekanntes Beispiel der deutschen Aphoristikerin Waltraud Puzicha. Der Satz lautet: Wir sehen uns wieder. Das ist an und für sich ein ganz einfacher, kurzer Satz. Doch die Betonung der Worte macht den entscheidenden Unterschied.

Wir sehen uns wieder.
(Hier wird besonderer Nachdruck darauf gelegt, dass die beiden Gesprächsteilnehmer sich wieder sehen. Das soll dem Adressaten des Satzes Hoffnung und Trost spenden.)

Wir **sehen** uns wieder.
(Das sehen weist darauf hin, dass es sich um ein persönliches Wiedersehen von Angesicht zu Angesicht handelt und nicht etwa um ein Telefonat.)

Wir sehen **uns** wieder.
(Bei dieser Betonung ist es dem Sprechenden wichtig, dass sich die beiden Gesprächspartner wiedersehen, ohne mögliche weitere Personen.)

Wir sehen uns **wieder**.
(Diese Betonung stellt ganz klar eine Drohung dar.)

Probieren Sie es selbst aus. Sprechen Sie den Satz laut aus und betonen Sie jeweils das Wort in Fettdruck. Sie werden überrascht sein, welch großen Einfluss die richtige Betonung hat.
Seien Sie positiv und strahlen Sie dies auch aus. Wohl jeder von uns unterhält sich lieber mit jemandem, der lächelt als mit einem Trauerkloß. Ein ehrliches Lächeln wirkt freundlich und sympathisch. Darum vergessen Sie bei einer Unterhaltung nicht, immer wieder einmal zu lächeln. Wenn Sie zum Beispiel über etwas sprechen, das Ihnen sehr am Herzen liegt, dann dürfen Sie gerne Ihre Begeisterung zeigen. Dies wirkt authentisch und mitreißend auf Ihr Gegenüber.

Wenn Sie ein positives Mindset haben, dann strahlen Sie diese Denkweise auch aus und ziehen damit andere positive Menschen an. Dies wiederum stärkt Ihr eigenes Selbstbewusstsein, macht Sie willensstärker und zufriedener in Ihrem Leben. So haben Sie die beste Grundlage, um all das zu schaffen, was Sie sich vornehmen. Oder um es mit Walt Disney zu sagen:

If you can dream it, you can do it.

(Walt Disney)

Nachwort

In diesem Buch habe ich Ihnen gezeigt, wie Sie Ihre Ausdrucksweise verbessern und Ihren Wortschatz erweitern können. Sie haben gelernt, anregenden Smalltalk zu führen und verbale Attacken schlagfertig zu kontern. Außerdem wissen Sie nun, dass jeder Mensch nicht nur mit Worten sondern mit seinem ganzen Körper kommuniziert – immer und überall. Auch für ein positives Mindset haben Sie reichlich Anregungen an die Hand bekommen. Doch das ist noch lange nicht alles, denn mit diesem Wissen haben Sie die ideale Ausgangslage für den Start in ein ganz neues Leben geschaffen.

Wenn Sie meine Ratschläge beherzigen und täglich üben, verfügen Sie bald nicht nur über eine bessere Rhetorik, sondern auch über mehr Selbstbewusstsein. Sie sind in der Lage, Ihre Bedürfnisse noch gezielter zu benennen und vor allem auch durchzusetzen.

Sie müssen sich nicht länger verstecken, sondern können fortan mutig durch Ihr Leben schreiten – authentisch und mit offenen Augen für all das Wunderbare, was das Leben Ihnen noch zu bieten hat. Und das ist eine ganze Menge! Trauen Sie sich. Werden Sie glücklich, oder wie Astrid Lindgren es ausdrückt:

Lass Dich nicht unterkriegen, sei frech und wild und wunderbar!

(Astrid Lindgren)

Rechtliches

Die Benutzung dieses Buches und die Umsetzung der darin enthaltenen Informationen erfolgt ausdrücklich auf eigenes Risiko. Der Verlag und auch der Autor können für etwaige Unfälle und Schäden jeder Art, die sich beim Besuch der in diesem Buch aufgeführten Orten ergeben (z.B. aufgrund fehlender Sicherheitshinweise), aus keinem Rechtsgrund eine Haftung übernehmen. Haftungsansprüche gegen den Verlag und den Autor für Schäden materieller oder ideeller Art, die durch die Nutzung oder Nichtnutzung der Informationen bzw. durch die Nutzung fehlerhafter und/oder unvollständiger Informationen verursacht wurden, sind grundsätzlich ausgeschlossen. Rechts- und Schadenersatzansprüche sind daher ausgeschlossen. Das Werk inklusive aller Inhalte wurde unter größter Sorgfalt erarbeitet. Der Verlag und der Autor übernimmt jedoch keine Gewähr für die Aktualität, Korrektheit, Vollständigkeit und Qualität der bereitgestellten Informationen. Druckfehler und Falschinformationen können nicht vollständig ausgeschlossen werden. Der Verlag und auch der Autor übernehmen keine Haftung für die Aktualität, Richtigkeit und Vollständigkeit der Inhalte des Buches, ebenso nicht für Druckfehler. Es kann keine juristische Verantwortung sowie Haftung in irgendeiner Form für fehlerhafte Angaben und daraus entstandenen Folgen vom Verlag bzw. Autor übernommen werden. Für die Inhalte von den in diesem Buch abgedruckten Internetseiten sind ausschließlich die Betreiber der jeweiligen Internetseiten verantwortlich. Der Verlag und der Autor haben keinen Einfluss auf Gestaltung und Inhalte fremder Internetseiten. Verlag und Autor distanzieren sich daher von allen fremden Inhalten. Zum Zeitpunkt der Verwendung waren keinerlei illegalen Inhalte auf den Webseiten vorhanden.

Impressum

Maximilian Forst
wird vertreten durch:
Mirel Ahmetagic
Parkstraße 27
4840 Vöcklabruck

ISBN: 9798551775515
Imprint: Independently published

Printed in Poland
by Amazon Fulfillment
Poland Sp. z o.o., Wrocław

65956339R00047